A und E

AF286223

Anfang und Ende einer Liebe

Poesias Lebenslinie

1

Impressum

©2008 M. Stephanie Maltzan

Herstellung und Verlag Books on Demand GmbH, Norderstedt

Satz, Layout und Illustration: Brigitte Ammann, M. Stephanie Maltzan

ISBN-13: 9783837040173

Vorwort

„Schreiben bedeutet Verarbeitung"

für mich. So entstand über lange Zeit eine Sammlung von Gedichten und Geschichten sowie Tagebucheinträge. Jetzt, mit nunmehr 58 Jahren entstand in mir das Bedürfnis, nach und nach etwas davon zu veröffentlichen.

„Schreiben befreit"

durfte ich erfahren. Erlebte Emotionen, besonders Verletzungen wurden erträglicher. Es wirkte wie eine Distanz zum Gelebten. Positive Gefühle wurden allerdings schöner und intensiver durch das Schreiben.

Alles in allem zeigte es mir, dass ich sehr intensiv lebe.

„Schreiben bringt Selbsterkenntnis"

Es befreite mich nicht nur, sondern brachte mir in der Nacharbeit eine wesentliche Erkenntnis. Alles baute in meinem Leben aufeinander auf. Erfahrungen und Erlebnisse wurden zu Stufen.

Verletzte Gefühle brachten die Selbsterkenntnis, dass eigene Prägungen und Gedanken einen großen Anteil daran hatten.

Wenn ich mit meinem Buch auch nur einem Menschen Freude bringen, oder ihn zum Nachdenken anregen kann, hat das Schreiben auch noch einen positiven Nutzen.

Ich wünsche eine ruhige entspannende Zeit beim Lesen.

Endlich !

Voller Erwartung
endlich soll es geschehen
zittrige Schritte
führen mich zum Ziel.

Mein Herz schlägt
im wilden Takt
Schweißperlen rollen
Nervenzerfetzendes Warten

Noch eine Minute -
schlägt mein Herz noch?
Mut verlierend kehre ich um
da geschieht es.

Eine Hand auf meiner Schulter
elektrische Impulse
jagen durch meinen Körper
ich wage nicht mich umzudrehen

"Sind wir hier verabredet?"

Nur mit Dir

NUR mit Dir kann ich Wunderbares entdecken,
NUR mit Dir darf ich sein, wie ich bin
NUR mit Dir hat mein Leben wieder Farbe bekommen
NUR mit Dir darf ich mich fallenlassen
NUR mit Dir möchte ich Zukunft haben

MIT, Neben und IN DIR. mein Liebster!

Für Dich

Für Dich möchte ich die Sonne sein
und nachts der helle Mondenschein

Für Dich möchte ich durchs Feuer gehen
und Deine Sorgen mit Dir sehn.

Für Dich wär ich gern Deine Fee
behüten Dich bei Wind und Schnee.

Dein Herz in meinen Händen halten,
den Alltag Dir recht schön gestalten.

Ja, wenn das doch so einfach ginge :-(
Freundin, Geliebte so ist es eben
Partnerin in Deinem Leben.

Dein Spatzerl küßt Dich sooooo gerne

Ohne Dich

Ohne Dich ist das Aufstehen
wie eine kalte Brise.
Ohne Dich ist das Frühstücken
wie ein Besuch im Schnellimbiß um die Ecke.
Ohne Wort von Dir zur Arbeit gehen
ist wie eine Flucht vor dem Alleinsein.

Ohne Dich heimkehren nach einem schweren Tag
ist wie in ein paar zu große Schuhe schlüpfen.
Ohne Dich den Abend verbringen
ist warten - warten auf ein Zeichen von Dir.

Ohne Dich ist mein Leben leer.

Aber MIT DIR habe ich Zukunft
habe ich wieder Träume.
Von Dir lasse mich einhüllen mit den
weichen warmen Wolken der Liebe.
Mit Dir fange ich wieder an zu leben,
lachen, weinen, arbeiten, reisen und träumen
Mit Dir hat jede Zeit ihren Sinn gefunden.

Mit Dir? Ja?

Von Dir

Von Dir lernte ich das Leben zu genießen
Von Dir erfahre ich die lebensnotwendige Zuwendung
Von Dir werde ich geliebt
Von Dir werde ich in Träume entführt
Von Dir bekomme ich den Halt in jeder Situation
Von Dir erlebe ich aber auch die notwendige Distanz
Von Dir bekomme ich den richtigen Drive für mein tägliches Leben
WIE könnte ich Dich da noch einmal missen?

Vor einem Jahr

Mein Liebster,

vor einem Jahr sah ich Dich im Raum
vor einem Jahr lasest Du meinen Traum
vor einem Jahr fing ein neues Leben an
vor einem Jahr stieg ich die Leiter himmelan

vor einem Jahr sprachst Du von Vertrag
vor einem Jahr sagst Du, wenn ich noch mag
nach einem Jahr sag ich Dir „ja"
nach einem Jahr bleib ich für Dich da

so lange Du mich willst

Das Schlimmste haben wir hinter uns
Es war nicht alles blauer Dunst
Liebe, Liebe, Liebe, Liebe pur
Und nicht schöne Worte nur

Ich will leben

Nein, ich lass es nicht zu,
dass unser Alltag
durch negative Meldungen zu sehr vergraut,
dass unsere Gefühle
durch selbstschädigendes Mitgefühl geblockt werden,
dass unsere Gedanken
sich nur noch um eine negative Zukunft drehen.

Ich lasse ein Mitgefühl zu,
das ausgewogen ist,
das uns nicht hindert,
für unsere Zukunft zu arbeiten.
Ich lasse mich auch nicht
vor den Karren spannen,
den andere Leute für mich ausgesucht haben.

Ich will leben –
das Recht darauf habe ich
So lange wie möglich
und dies mit Dir, mein Schatz.

Warum?

Warum verletzt Du mich mit Deinen Worten?
Warum kommen so viele Vorwürfe?
Warum können wir nicht mehr liebevoll miteinander umgehen
Warum streiten wir so viel?

Warum war es am Anfang ganz anders?
Warum konnten wir da zärtlich und liebevoll sein?
Warum haben wir damals so viele Gemeinsamkeiten festgestellt?
Warum konnten wir so unbeschwert miteinander umgehen?

Warum stört Dich heute jede Kleinigkeit an mir?
Warum stört Dich heute, was Du damals noch so süß fandest?
Warum bin ich Dir manchmal zu nahe?
Warum hat sich alles so verändert?

Warum finden wir nach einem Streit wieder zueinander?
Warum vermissen wir uns, wenn wir uns trennen?
Warum haben wir Sehnsucht nach dem anderen?
Warum fehlen uns die kleinen Macken des anderen, wenn er nicht da ist?

Warum klammern wir uns danach wieder fest aneinander?
Warum bekommen wir dann wieder nicht genug von uns?
Warum strahlen wir uns wieder an und flüstern uns liebe Dinge zu?
Warum ändert sich das so oft? Warum?

Sehnsucht am Arbeitsplatz

Traurig sitz ich am Platzerl hier
ohne Kussi, weit weg von Dir
ach könnt' ich doch nach Hause fliegen,
dann würd' ich sicher eines kriegen.

Dein Spatzerl Flügel putzt um loszusausen
auf auf ganz bald nach Spatzenhausen.

Lass los !

Lass Deine Vergangenheit los,
Energie, die du ihr widmest, ist vergeudet.
Nütze die Kraft und Energie für Deine Zukunft,
weil dort liegt Dein neues Leben!

Lass los von alten Gefühlen.
sie werden dann schwächer mit der Zeit,
wie der Duft abgefallener Rosenblätter.
Was bleibt sind Erinnerungen,
die ebenso verblassen wie die Farbe.

Lass los! Mach Platz in Deinem Herzen,
Platz für ein neues Gefühl -
ein Gefühl, das Dich wärmt und Dir
Erinnerungen für später bringt.

Lass los und öffne Deine Sinne für neue Eindrücke,
neue Düfte, für ein neues Gefühl.
Erst dann kannst Du Deine Gegenwart
bewusst leben - und wieder glücklich werden.

Laß endlich los!

Sonnenseite der Lebensstraße

Manchmal schiebt sich der Mond vor die Sonne
und läßt uns im Dunkeln.
So ist es scheinbar auch im Liebesleben,
alles ist grau und trübe -
wenn man die Lichtblitze am Rand übersieht.

Sie sind ein Zeichen dafür, dass die Sonne noch lebt
- wie unsere Liebe.
Nennt man das Liebesfinsternis?

Lass sie uns so wenig wie möglich erleben,
ich möchte mit Dir auf der Sonnenseite
der Lebensstraße gehn,
Hand in Hand, miteinander
in Harmonie und Frieden,
niemals gegeneinander,

Lass uns unsere Schwächen gegenseitig decken
und sie mit unseren Stärken ausgleichen.
Ich liebe Dich und werde solange Du es möchtest
an Deiner Seite sein.

Liebe

Unsere
Liebe

intensiv
wie die
Sonnenstrahlen

bunt
wie der
Regenbogen

fesselnd
wie die
Liane

umhüllt uns
wie warmer Sommerwind.

Ein Flug in den Süden !

Ein Tag wie jeder?
Nein, es war der Tag der Flucht
Flucht in die Sonne
Flug in den Süden
zu den Inseln des ewigen Frühlings.

Aber auch Flucht zu uns selber
Flucht zur inneren Ruhe
Flucht, weg von der Hetze
Eine Flucht, die wir öfter wagen sollten.
Egal an welchen Ort, raus aus dem Trott

Flucht, um wieder aufzutanken
Um Kraft zu schöpfen
Um dem Kampf im Alltag zu meistern
Spontan und doch überlegt
Eine Fahrt zum Überleben.

Flucht, sie ist geglückt,
loslassen, entspannen, geniessen
Seele baumeln lassen,
in Gedanken weit weg vom Alltag
eine gelungene Flucht.

Ein Tag wie jeder?
Nein, es war der Tag der Heimkehr,
der Tag auf den wir uns wieder freuen
freuen auf unsere Arbeit,
frisch aufgetankt und wieder gestärkt,
für unseren Alltag.

Hand in Hand

Hand in Hand in die Sonne sehn,
Hand in Hand durchs Leben gehn,
Hand in Hand Probleme bestehn,
möcht ich mit Dir !

Hand in Hand den Tag begrüssen,
Hand in Hand die Nacht versüssen,
Hand in Hand uns ganz lieb küssen,
das möcht ich mit Dir.

Hand in Hand uns Kräfte geben,
Hand in Hand unsere Fehler beheben.
Hand in Hand, nicht Fäuste sehn,
sonst bleiben wir am Wegrand stehn.

Hand in Hand unsere Schwächen tolerieren,
uns nicht in Nölerei verlieren,
das nimmt die Kraft uns die Hand zu geben,
die wir so nötig brauchen im Leben.

Morgen kann es vorbei sein,
dann liegt der Staub noch immer,
eine verwundete Seele aber
nehmen wir mit.

Ich liebe Dich, -
lass uns das Ziel Atlantis nicht verfehlen.
Ich küsse Dich zärtlich -
geben wir unserer Liebe
wieder die Chance zu atmen.

Ich glaube ...

an eine Freundschaft, die mehr werden kann!

Ich glaube an das Schicksal -
es hat noch was mit mir vor
Ich glaube an Freundschaft –
ohne sie wär das Leben leer
Ich glaube an die Liebe –
die mich umgeben wird
Ich glaube an Harmonie und Frieden –
sonst wäre jede Hoffnung zunichte
Ich glaube an eine schöne gefühlvolle Beziehung,
mit Niveau, die so facettenreich ist,
wie das Auge der Fliege
lachen und weinen
diskutieren und philosophieren
planen und organisieren
relaxen und positivem Stress
kuscheln und streicheln
geben und nehmen
UND gegenseitiger Akzeptanz
NEIN, ich glaube es nicht nur ,
ich weiß es - ES PASSIERT!

Hilflos

Vorwürfe
unfähig zum denken
was tun
gehen
oder
bleiben
für wieder paar Tage Frieden
bis zu den nächsten Vorwürfen?

Vorwürfe
hilflos
unfähig zu denken
was tun
gehen
oder
bleiben
für wie lange? Eine Woche?

Vorwürfe
hilflos
unfähig zu denken
was tun
gehen
oder bleiben
wieder ein Versuch
misslungen!

Vorwürfe
hilflos unfähig zu denken
was tun
gehen
oder ...?

Gäbe es Dich nicht mehr

Deine Worte sind Balsam für meine Seele
Deine Zärtlichkeiten geben mir die Energie zum leben
Deine Stimme raubt mir manchmal die Sinne
Deine Aufmerksamkeit macht mich stolz
Deine Fürsorge gibt mir das Gefühl der Geborgenheit
Dein starker Arm bietet mir Schutz
Dein Mund sagt mir, wie sehr Du mich liebst
und und und
und DU fragst, was ich tun würde,
gäbe es Dich nicht mehr für mich ?

Zeit ohne Dich

Ich hatte Zeit - Zeit ohne Dich
zum Nachdenken
zum Erfahren, wie stark ich Dich vermisse
zu Erkennen, wie sehr ich Dich liebe
Zeit, Eifersucht zu erleben
Eifersucht zu verarbeiten
mit mir ins Reine zu kommen
Geduld zu üben
und Zeit um Erinnerungen aufleben zu lassen
aber auch Zeit, um über unsere Zukunft nachzudenken.

Eine wichtige Zeit ... Zeit für Dich - für uns!

Was bin ich für Dich ?

Ich suche meinen Schalter
der mich auf Deinen Bedarf umswitcht

von der Hausfrau,

über die Geliebte,

zur Bürokraft,

oder zur Putzfrau

vielleicht zur Ersatzmutter

bis zur Gesprächspartnerin

oder Therapeutin

zum Prügelknaben auch oft

zum Schuldigen

mal Krankenschwester, mal Chauffeuse!

Was bin ich im Moment für Dich?

Zeit für die Liebe

Es gibt für alles eine Zeit im Leben:
Zeit zum erwachsen werden
Zeit um Fehler zu machen
Zeit zum lernen
Zeit zum arbeiten
Zeit zum lesen
Zeit zum relaxen
Zeit zu trauern

Aber eine Zeit zieht sich wie ein
roter Faden durch das ganze Leben:
Es muss immer eine Zeit für die Liebe geben.
Liebe zum Partner
Liebe zur Familie
Liebe für die Freunde
Liebe zum Nächsten
und Liebe zu sich selbst.

Kristalle der Erinnerung

Tränen
geweint um unsere Liebe
entsprungen dick verquollenen Augen

suchen langsam ihren Weg
an meiner roten Nase vorbei
rollen spielerisch um meine zuckenden Lippen

um am Kinn den Absprung zu wagen
landen leise platschend auf meiner Brust
kühlen mein heisses pochendes Herz

erstarren dort zu Kristallen
zu Kristallen der Erinnerung.

Hoffnung

Ich
habe
Hoffnung

Warum?

Ich
will
Hoffnung

Warum?

Ich
pflege
Hoffnung

Warum?

Ich
brauche
Hoffnung

Warum?

Weil ich dich immer noch so liebe!

Du

Du bist schuld …
warum hast Du nicht …
Du könntest auch mal …
Immer muss ich …
Du bist nicht in der Lage zu…
Wenn ich das nicht mache, macht es keiner
Du bist doch den ganzen Tag zuhause
Warum muss ich immer für alles verantwortlich sein
Du machst nie das, was Du sagst,
Mach doch einmal was zu Ende
Du passt nicht in meine Grundordnung
Wenn es dir bei mir nicht gefällt, dann geh'!

Und ich bin gegangen
um aus Liebe zurückzukehren.

Du, das bin ich
von derr Last der Vorwürfe gebeugt.
Hab ich noch Lebensberechtigung?
Bin ich noch gut genug?
Und immer wieder hoffe ich auf Änderung!
Mit der Gewißheit,
diesen Ansprüchen nie zu genügen.

Gemeinsamkeit auf Zeit
absehbares Ende
einer wunderschönen Liebe!

Geprägt !

Du sagst, Du verletzt mich nicht mehr!

Doch Du
kannst nicht aus Deiner Haut.
Gefangen in Knebeln
der frühkindlichen Erziehung
trägst Du Wundmale
von Menschen, die Dir wehtaten
geprägt von harten Worten
der alten Generation:
"Man(n) muss stark, laut und dominant sein.
Du musst stets der Hammer sein, nie der Amboss."

Worte,
die aus Dir
einen ganzen Mann machen sollten,
ohne Rücksicht zu nehmen
auf Deine eigenen Empfindungen,
verwundet von Strafen,
die Macht demonstrierten
und etwas in Dir zerbrach
- Du wurdest dressiert!

Du kannst leider nicht so einfach aus Deiner Haut.

Glitzersterne

Unsere Glitzersterne:

Tausende von der Sonne animierte Sternchen
auf den Spitzen sich leicht kräuselnder Wellen
glitzern zwischen halbgeschlossenen Augenlider
intensiv strahlend durch das Glückstränenprisma
- gemeinsam mit Dir!

Unsere Glitzersternchen:

Unendlich viele sahen wir auch gemeinsam
auf dem türkisblau schimmerndem Meer der Kanaren
stimulierend blinkende Lichtreflexe - Glückshormone
spielerisch lockend tanzend erinnerten sie uns
- Arm in Arm

Gibt es für uns noch Glitzersterne?

Einsamer Valentinstag

Am Valentinstag sitz ich allein
kein Liebesgruß per sms kam an
tat er's vergessen?, das kann sein
oder hat er sich im Tag vertan?

Er ist mit seinem Freund weit fort
für ein paar schöne Tage
stören will ich ihn nicht dort
oder ob ich doch es wage?

"Nein" sagte er mal zu mir
"Mein Freund, der mag es nicht
wenn irgendjemand unsere Zeit
durch Anrufe unterbricht".

So sitz ich traurig hier und denke,
ob ich ihm was zum Valentinstag schenke?

Aus diesen Gedanken holt' mich ein leiser Ton,
"Alles Liebe und tausend Kussi für mein Engelchen"
so stand's geschrieben in meinem Telefon.
"Zum Valentinstag in Liebe von Deinem Bengelchen"

Herzschmerz

Es tut weh
   links in meiner Brust
   dort
   wo mein Herz klopft
   ist es was Ernstes
   nein, sagte der Arzt
   es ist psychomatisch!

Es tut weh
   links in meiner Brust
   dort
   wo mein Herz schlägt
   sei ruhig mein Herz
   wir tun was dagegen
   alles wird gut!

Es tut weh
   links in meiner Brust
   dort
   wo mein Herz arbeitet
   Ja, mein Herz
   wir nehmen Glückspillen
   gegen den Schmerz.

Es tut weh
   links in meiner Brust
   dort
   wo mein Herz pumpt
   warum, liebes Herz
   nimmst du
   alles so schwer?

Backen mit Papa

Ach was war das schön,
Dir beim Backen zuzusehn,
Mit Zungenspiel und roten Wangen
Stand'st Du da mit Deinen Rangen

Mehlbefleckte Gesichter und leuchtende Augen
Eifrige Hände und Förmchen, die taugen
So wuchs der Berg von Keksen und Plätzchen
Dazwischen Gelächter und lustige Sätzchen.

"Es ist ein Ros entsprungen" tönte es hell und klar
aus dem CD-Player vom letzten Jahr
So soll die Adventszeit immer sein,
doch bleiben die Kinder nicht lange klein.

Bald stehn wir beiden Alten ganz allein
Und backen Plätzchen, still und fein
Denken mit Lächeln an die schöne Zeit
Doch die Enkel sind dann nicht mehr weit.

Und wieder kann ich Drh beim Backen zu sehn
Mit den Kinder-Kiddis, wie wird das doch schön.

Das verlorene ICH

Damals

Auf dem Weg zum Du
verlor ich mein ICH,
fest in das WIR eingebunden
ging das ICH unter.
In unserem Alltag
war kein Platz mehr
für mein ICH

Jetzt

In der Distanz zum WIR
fand ich es wieder:
* Mein ICH *.
Es lebte noch,
ich pflege und integriere es
in unseren Alltag,
gleichberechtigt
mit dem Du.

DU und ICH!

Du sagst

Du sagst: Liebe stirbt nie eines natürlichen Todes.
und meinst: Du tötest unsere Liebe!

Du sagst: Es kann so nicht weitergehen.
und meinst: Du machst nicht was ich will!

Du sagst: Ich halte das nicht mehr aus
und meinst: Du passt nicht hierher!

Sag doch bitte, was Du meinst!

Leidenschaft

Gut gekühlt und anregend
wie prickelnder Champagner
im Wechselbad der Gefühle.
Berauschendes süsses Ziehen
durch meine Lenden
spüre ich Deiner Hände
fordernde Zärtlichkeit
mit verzehrender Gier.

Peitschende Lustschreie
durchdringen das lustvolle Stöhnen
Verlangen nach immer mehr.
Aufbäumende Körper kämpfen
den Kampf der Geschlechter
Stakkato - auf dem Gipfel
aller Lust sich fallenlassen
in strudelnden Vibrationen.

Gefühle

Gefühle
taumeln
eingeengt
durch den Tunnel,
fokussierend
hoffnungsvoll
auf das Licht
am Ende.

Gefühle
zerfließen
durch Siebe,
teilen sich in
tausend Tröpfchen
vertrauensvoll
sich bündelnd
zu einem Strahle.

Gefühle
kühlen ab,
erstarren
zu Eis,
verharren
wartend auf
der Sonnenwärme
langsames
Auftauen.

Eiszapfen

* Worte *
können wie
Eiszapfen sein:
Sie glitzern,
tropfen,
treffen
und verletzen

Ich geb Dich frei

Die Zeit mit Dir war meistens schön,
doch alles muss zu Ende gehen,
wir haben uns nichts mehr zu sagen,
nur Vorwürfe und bittere Klagen.

Lass wenigstens Freundschaft daraus werden,
bevor wir uns hassen wie die Pest auf Erden.
Wir haben schöne Erinnerungen die uns bleiben,
es macht keinen Sinn sich aufzureiben.

Liebe kommt, Liebe vergeht,
sie wird vom Alltag fortgeweht,
leider konnten wir sie nicht binden.
Ich geb Dich frei, du wirst was Bess'res finden.

Regenbogenland

Wir träumten vom Regenbogenland,
in das wir reisen wollten.
Dorthin wo die Kussbäume stehn,
die roten Liebesnelken wachsen
und Schmusesträucher den Boden bedecken.

Wir träumten von Liebesvögel,
die uns ihr Liebeslied fröhlich singen.
Von silbernen Streichelfischen,
die sich zärtlich berührend durchs Wasser gleiten,
sahen golden beschienene Herzwolken ziehn.

Wir träumten von Atlantis
in uns * mit uns * um uns,
von tiefem Frieden in unserer Seele
von liebevollem Verständnis
und davon, gemeinsam alt zu werden.

Träumten wir nur?

Ich bin glücklich

Ich bin glücklich,

wenn Deine Hand
nachts meine sucht.

Ich bin noch glücklicher,

wenn meine Hand
nachts Deine sucht

Und sie findet!

Gedankensturm

Hilflosigkeit
überfällt mich,
zwingt mich
in eine Ecke
in die ich nicht will

Gedankenstürme
toben wild
durch meinen Kopf
verwirbeln
zu einem Orkan

Kampf
um Prioritäten
unerledigter Arbeiten
unfähig
zur Konzentration

Tornadogleich
wirbeln die Gedanken
strudelnd
in die Höhe
unerreichbar

Was gäbe ich
für einen lauen
Frühlingshauch!

Was ist mit mir los?

Was ist los?

Es zwickt
und zwackt
in mir.
Sagt er was,
ist's falsch
sagt er nichts,
auch.

Was stimmt nicht mit mir?

In mir wütet es.
Stimmungsschwankungen?
Warum?
Kampf
mit mir selber!
Nein,
keinen Streit!

Aber was ist nur los mit mir?

Mich ärgert's
Was?
Weiß nicht!
ES will zanken,
aus mir heraus
Warum?

Was mach ich bloß?

Ruhe
will ich haben,
Distanz.
Kopf schwirrt !
Fühle mich allein
gelassen.

Was ist nur los?

Tränen
quillen hervor.
Ich bin unzufrieden!
Warum
hab ich ihn weggeschickt?
Bin verzweifelt!

Was verdammt noch mal
ist mit mir los?

Kur für die Liebe!

So oft haben wir geträumt
von einer Seereise
von schönen Tagen auf dem Meer
losgelöst vom Alltag
frei von Zwängen
ohne Einfluss der Familien
nur Du und ich

Unsere Glitzersterne sehen
Arm in Arm
an der Reling stehend
den Duft fremder Kulturen einatmen
Zeit um uns neu zu fühlen
die bernsteinfarbenen Flecken
in Deinen Augen neu entdecken

Nur die Weite des Firmaments
über uns - strahlend blau
Ruhe, tiefe Entspannung
sinnliches Fallenlassen
in tiefen Gefühlen zueinander
eine neue Chance
eine Kur für unserer Liebe

Jetzt wird der Traum wahr!

Hoffnungsstrahlen

Hoffnungsstrahlen
gleißend,
gleich der Morgensonne
leuchtend,
erhellen Dein Herz.

Bringen Licht,
Licht ins Dunkel,
ins Dunkel der
Depression,
die Dich gefangenhielt

Freunde,
verloren geglaubt,
nehmen Dich
in den Arm,
liebevoll.

Daheim,
zurückgekehrt
ins eigene Ich
in die Realität
* endlich *

Traumreise

Sonnenbad
fest in Decken
gehüllt -
vor dem Wind
geschützt.
Sonnenstrahlen
verwöhnen mein Gesicht,
meine Gedanken
bei Dir.

Seekrank!
Mein Magen
schwingt
im Rhythmus
der Wellen.
In meinem Kopf
schwankende Kobolde.
Meine Gedanken
gleiten zu Dir.

Galaabend.
Gelangweilte Gesichte,r
Damen behangen
mit gleißendem Schmuck
in glitzernden Kleidern,
mit der Frage im Gesicht:
Wie sehe ich aus?
Ich fühle mich unwohl,
greife Deine Hand,
Du bist bei mir.

Sonnenaufgang!
Die Sonnenstrahlen
kitzeln mich wach,
blau schimmerndes Meer,
tanzende Glitzersterne,
weisse schaumkronenbedeckte
Wellen sprühen auf,
bilden kleine Regenbogen.
Lebendes Gemälde
erlebt Hand in Hand
mit Dir.

Beschwingt.
Cocktail haltend,
schaue ich in
übermütige Gesichter,
ein Pärchen im Honymoon
aus Indien angereist,
sympathische Kärntner,
frisch verliebt.
Ich fühle mich wohl ,
schmiege mich
an Dich.

Danke für die Traumreise
mit DIR.

Ich liebe mich!

Gestern morgen,
an Dich gekuschelt
wurde mir bewusst:

Wir beide lieben mich.

Ich habe endlich gelernt
auch mich zu lieben!

Leben mit Dir !

Gefährlicher Aufstieg
in die Erfolgsberge,

aufregende Safari
durch den Lebensdschungel,

Parken in der
wärmenden Liebessonne.

Leben PUR - Ich liebe Dich!

Partnerschaft

Kompromisse
machen
heißt:
gemeinsame
Zukunft
aufbauen.

Einseitig
Kompromisse
machen
heißt:
sich selber
aufzugeben!

Zwiegespräch !

Schweigend
höre ich
den Stimmen
in mir zu.

Laute Worte
zischen aufeinander,
wie Kugeln
in einem Duell.

Jede hat ein Ziel,
will gewinnen,
nicht nur
durch verletzen.

Argumente
wie Peitschenhiebe
schwirren durch
meinen Kopf.

Drehen sich
in meinem Kopf
verwirbeln
orkangleich

Innerlich zerrissen
von Pro und Kontra
die Frage:
Wer hat recht?

Ich will -
nein ich kann
nicht mehr denken,
nicht heute… !

Sichtweisen!

der Himmel grau in grau
wolkenbehangen, trist

am Himmel interessante Formationen
dort ein Gesicht eines alten Mannes
hier ein Lücke für die Sonne
Wolkenberge in allen Grautönen

regentrüb der Tag
spritzende Pfützen

in Pfützen eintauchende Regentropfen
lebendige Kunstwerke der Natur
von Blättern sanft herabrollende
durchsichtige Perlen zerplatzen beim Aufprall

wirres nasses Haar
den Kopf gesenkt

hauterfrischende kühle Nässe
Leben - Natur pur - bewußt spüren
gesichtsbelebende Massage
auf gut heiß durchfluteten Poren.

Alles Ansichtsache

Ja, aber Du ...

Ich habe gemacht …
Du kümmerst Dich ja nie ...
Wenn ich nicht ...
dann macht es keiner.

Ja, aber (tief Luft holt)
Ich habe doch ...
verzweifelt argumentiert
Und hab stattdessen …

Du suchst Streit
um nichts tun zu müssen.
Das kenne ich,
das wird sich nie ändern

Nein, das stimmt doch nicht
noch verzweifelter,
arge Luftnot.
Ich sah andere Prioritäten.

Nie machst Du das, was Du sagst,
Alles bleibt an mir hängen ...
mach doch einmal was zu Ende.
Dann passen wir nicht zusammen

Menno, ich hab doch nur ...
Die Zeit war knapp
und ich hab meine Mutter
so lange nicht gesehn ...

Wenn es Dir nicht passt,
musst Du gehn!

Ist es so?

Das Ende

Woher kam es so plötzlich?
Wer hat es bestellt?
Warum haben wir die Signale nicht erkannt?
Wieso konnten wir es nicht mehr abwenden?

Jetzt ist es da - das Ende!

Haben wir versagt?
Versäumten wir das Verständnis?
Fehlten uns die richtigen Worte?
Oder ist es einfach nur KISMET?

Ist es das Ende?

Vielleicht ist es nur eine Umleitung
eine Straße zu Erkenntnis,
Zeit für innere Einsicht.
Chance, wieder zusammen zu finden

Worte

notwendig zur Entscheidung
wichtig zum Frieden
Auslöser für Leid
Waffe zur Verletzung

Worte haben böse Macht
ausgesprochen unbedacht

Luft zum Atmen !

Einengende Liebe
ist wie starkes
Übergewicht:

Sie nimmt
Dir die Luft
zum Atmen.

Ich will wieder atmen!

Augenblicke,
Deine Stimme
zärtlich flüsternd
*
Rarität geworden
*
tief speichernd
aufgesaugt von mir,

als Reserve
für besondere Augenblicke!

Kaktus

Einen agressiven Partner
fasst man am Besten

* wie einen Kaktus *

mit Schutzhandschuhen an!

Zwang!

Fremdbestimmt
ohnmächtiges Handeln
gegen eigenen Willen.
Hilfloses Aufgeben
in steter Hoffnung
auf Harmonie.

Zweifel !?

Zögerndes
Warten auf Reaktionen,
eingeschliffene
tief sitzende Verhaltensweisen,
mangelnde Akzeptanz,
Blindheit durch Verletzungen
säen ernste Zweifel
am erneuten Versuch
zum gemeinsamen
Leben.

Vergiftet!
Immunschwäche-
infizierte Gedanken,
vergifteter Seelenfrieden,
verletzende Wortspitzen.

Rezept aus:

- heilendem Liebesbalsam
- zerriebenem Akzeptanzpanzer
- täglichem Zuwendungstrank
- entgiftender Selbsterkenntnis

Nur Gast ?

Ich lebe
in Deiner Wohnung,
mit Deinen Möbeln,
an Deiner Seite
geduldet als
* Gast *

Bin ich auch
in Deinem Herzen
nur Gast?

Kopfschmerz!

Er scheint
platzen zu wollen,
Druck von innen,
etwas will raus -
explosionsartig,
brennende Augen,
lähmende Müdigkeit,
schmerzendes Denken

Wo ist der Hebel
zum Abschalten?

Ja !

Jetzt erst recht!

Gestik unterstrichenes
kräftiges "Ja"
wieder entdecktes
Selbstwertgefühl

"Ja!" zu mir

Ich bin gut
wie ich bin!

Mein und Dein

Was ist es,
was getroffen hat,
Tränen quillen läßt.
Warum trifft mich:
"Das ist mein Bett"

Das Bett,
in dem ich liege,
neben Dir aufwache,
neben Deinem.

Mein und Dein!

Im Besitz und Gebrauch
******* MEINE *******

in der Pflege und Arbeit
******* DEINE ********

Ich versteh das nicht!

Der Funken „Hoffnung"

Funken glimmen
erzeugen leises
hoffnungsvolles Sehnen
bereits verloren
geglaubter Liebe.

Leben!

Den Sprung gewagt
in die Eigenverantwortung
unabhängig von Launen
weg vom Druck
hin zum Leben.

Ausgegrenzt !

Eingebunden in
Deine Arbeit
Deiner Verantwortung
Deinen Verpflichtungen

aber gleichzeitig

ausgegrenzt aus
Deinen Gedanken
Deinen Gefühlen
Deinen Interessen

stehe ich auf
schwankenden Planken.

absprungbereit
mit kriechend
steigender Angst

vor dem Sturz
aus Deinem Leben

Arrangement

Himmel und Hölle:
heute
hochaufjauchzend vor Glück
morgen
verzweifeltes Rudern in die Tiefe

Ein ewiges Arrangement
zwischen den Gefühlswelten
der Liebe - des Lebens.

Der kleine Spatz

Zu Dir geflogen
in fremde Umgebung,
umgeben von Lebewesen
mit anderen Werten,
mittendrin ich,
alleingelassen
mit meinem Anderssein.

Wie ein Vogel
in einem fremden Nest,
andere Hackordnung,
als gefundenes Opfer
sitze ich hier
und suche Schutz
unter Deinen Flügeln

Unser Nest
gemeinsam geschaffen,
liebevoll eingerichtet,
ohne Hackordnung,
mit unseren Werten,
wärmender Platz
für unsere Zukunft

Mutterliebe

Ein Mann hilflos
zwischen zwei Frauen,
gesplittete Gefühle,
subtil geforderte Zuwendung.
Verpflichtung oder Liebe?
Gewissensfrage fordert Tribut,
lebenslange Fesselung
durch Mutterliebe?
Resignation!

Du fehlst mir so sehr

Du fuhrst fort.
Ich habe so viel geplant
- ohne Dich zu tun.
Doch jetzt sitz ich hier
Hab nicht die Hälfte geschafft
Meine Gedanken drehen sich um Dich.
Ich schaue unsere Wohnung an.
Gemeinsam liebevoll eingerichtet,
spüre Dich noch fast körperlich,
atme Deinen Duft.
Dein Abschiedskuss
liegt noch auf meinen Lippen.
Das Bett neben mir ist leer.
Das erste Mal ohne Dich:
Du fehlst mir so sehr!

Alltagsgefährdete Liebe

verwirrt
der Kopf saust
noch ein Versuch?
vergeht Liebe?
wird Liebe zerstört?
systematischer Verfall?

Liebe will
gepflegt werden
behütet und geachtet,
ist alltagsgefährdet.

Liebe auf Distanz -
Chance auf Heilung?

Aus oder Pause?

Kleider verstaut,
den PC eingepackt
trete ich die Reise an.
Tränenverschleierte Augen
folgen roten Lichtern
auf der Autobahn.

War es das?
War das alles
was wir tun konnten?
Kilometer um Kilometer
schiebt sich mein
voll beladener Golf
Richtung Heimat.

Heimat?
Wo ist das?
Dort wo ich wohnte
vor Jahren?
Oder was ich verließ?
Zerrissene Gefühle
blocken alles Denken.
Regentropfen sympathisieren
mit meinen Tränen.

Angekommen
im Dunkeln
 * als Loser *
im Lebensspiel?

War es das?

Dich lieben heißt nicht
mit Dir leben müssen.
Oder wenigstens für
eine Verschnaufpause?!

Mein Nest

Mut zur Änderung
ungesunder Lebensweise
wiedergefundene
eigene Lebenswerte
ausschmücken
des eigenen Lebensraumes

wie ein Nest
beschützend und wärmend
jederzeit erreichbar.

Kraftlos

ausgelaugt
antriebslos und müde
leere Gedanken suchen Halt
trüben die braunen Augen
nichts geht mehr.

Lebensatem

Ausatmen!
Altlast weghusten
nicht bemerktes Gift
entsorgen.

Einatmen!
Gefühle einsaugen
neu erwachtes Leben
genießen.

Etappe im Leben

* Abschnittsende *
Erlebtes verarbeiten
Resümee ziehen
Schönes selektieren
und speichern
aus Negativem lernen
eine Etappe im Leben
Kapitel zumachen
* Neuanfang *

Liebe heißt

Liebe heißt
verzichten müssen,
auch wenn es schwerfällt

Liebe heißt nicht
sich selber aufzugeben,
dominiert zu werden

Liebe heißt
manchmal auch Schmerz,
bis sie an Intensität verliert

Lieben heißt manchmal
viele Tränen weinen,
bis die Quelle versiegt

Zerrissen zwischen
Liebe und Schmerz
frage ich mich wozu?

Die gestohlene Nacht

Verstohlen,
heimlich wie Frischverliebte
mit aufgeregtem Herzen,
Zittern in den Knien
trafen wir uns.

Nach der Trennung
noch eine gestohlene Nacht.
Aufleben vorhandener Gefühle
mit Kribbeln unter der Haut
sahen wir uns wieder.

Rausch der Sinne!
Aufbäumende Körper
kämpften in der Hitze der Nacht
den Kampf der Liebe
bis zum Morgen

Die Autobahn
trennte unsere Wege.
Mit erfüllten Gefühlen im Bauch
trete ich die Heimfahrt an
Ich bereue nichts.

Verarbeitung

Gedanken kreisen
was hab ich falsch gemacht
wo hab ich die Kurve verpaßt
es war doch eine so große Liebe
sorgsam haben wir unsere Liebespflanze
gesetzt - in falscher Erde, fehlendem Licht
sie musste eingehen ohne den Dünger
der wahren Liebe

Unsere Liebe
unsere Liebepflanze
sie sollte wachsen, groß werden
sie wurde zu vielen Stürmen ausgesetzt
Erinnerungen treiben Schindluder mit mir
ich will sie verdrängen, weg, weg, weg
doch mein Herz spricht anders
versteht es nicht

Worte, gesprochen von Dritten
sei froh, es war der beste Weg für Dich
dringen bis an mein Ohr, aber nicht hinein
Ja, ich wurde verletzt, ja es tat weh
aber ich liebe ihn doch so sehr
warum sieht er meinen Schmerz nicht
die dritte Geige zu spielen?

Jetzt sitz ich hier
grübele was ich verloren
was ich vielleicht gewonnen
meine Waage spinnt, sie richtet sich
immer nach dem Gefühl
nicht nach der Gewichtung.
Allein, mit Gedanken und Gefühlen
suche ich das richtige Lot.

Unverständnis
Hilfslosigkeit
auch wieder Aufbäumen
er wollte Dich nicht
er sah Deinen Schmerz nicht
warum soll ich trauern
er hat doch wie immer
SEINE MUTTER

Egoistische Mutterliebe
die ihr Kind rettet,
indem sie es bei
den Flügeln hält
anstatt ihm das
Fliegen zu lehren!

Spiel mit Gefühlen

Ich hab Dich lieb
aber ich will dich nicht -
vielleicht ja irgendwann einmal
oder gar doch wieder nicht.
Komm her, geh weg
Ich besuche dich!
Du wollst es so -
jetzt will ich nicht mehr.

Zeit mit Dir

Enttäuschungen wurden
Lerneinheiten für die Zukunft.
Stufen zu neuen Erkenntnissen.
Positives aus gelebter Liebe
wurden schöne Erinnerungen
zum zeitweiligen Auftanken.
Alles hat seinen Sinn!

Nachlese

gute und schlechte zeiten
schöne und hässliche stunden
lustige und traurige erlebnisse
lachen und weinen
streiten und versöhnen
weggehen und wiederkommen
* dann wegbleiben *
es waren knapp 1000 tage
leben mit dir

aus ALLEN Tagen
habe ich gelernt
DANKE!

Aus Liebe

Aus Liebe gegangen
um uns beide zu retten
aus Liebe meinen Hund
in gute Hände gegeben

Aus Liebe zum Leben
gebe ich nicht auf,
aus Liebe in die Zukunft
gehe ich in Behandlung.

Aus Liebe zu den Menschen,
die auch mich lieben.
aus Liebe ?
Ja! Auch aus Liebe zu MIR.

Nachsatz:

Na, haben Sie sich wiedererkannt?

Das ewige Spiel um Liebe, Hass und Leidenschaft wiederholt sich ständig. Leider auch in meinem Leben. Aber jedes Mal habe ich etwas Neues daraus gelernt.

Das Schreiben hat mir geholfen und so schlummern noch Geschichten, Gedichte und Tagebucheinträge in meinem Schreibtisch und warten darauf, verarbeitet zu werden.

Sind Sie neugierig? Dann schauen Sie ab und an mal nach meinem Namen oder nach Poesias Lebenslinie.